ICS 01.140
A 14
备案号:36939－2012

WH

中华人民共和国文化行业标准

WH/T 45—2012

文本数据加工规范

Text reformatting and transferring specification

2012－08－06 发布　　2012－12－01 实施

中华人民共和国文化部　发布

图书在版编目(CIP)数据

WH/T 45—2012 文本数据加工规范/中华人民共和国文化部发布. --北京:国家图书馆出版社,2015.12
中华人民共和国文化行业标准
ISBN 978-7-5013-5748-2

Ⅰ.①W… Ⅱ.①中… Ⅲ.①文献—数据处理—规范—中国 Ⅳ.①G255-65

中国版本图书馆 CIP 数据核字(2015)第 292014 号

书　　名 WH/T 45—2012 文本数据加工规范
著　　者 中华人民共和国文化部 发布
责任编辑 高 爽 王炳乾

出　　版 国家图书馆出版社(100034 北京市西城区文津街 7 号)
(原书目文献出版社 北京图书馆出版社)
发　　行 010-66114536 66126153 66151313 66175620
66121706(传真),66126156(门市部)
E-mail nlcpress@nlc.cn(邮购)
Website www.nlcpress.com ——→投稿中心
经　　销 新华书店
印　　装 北京科信印刷有限公司
版　　次 2015 年 12 月第 1 版 2015 年 12 月第 1 次印刷

开　　本 889×1194(毫米) 1/16
印　　张 1.25
字　　数 11 千字

书　　号 ISBN 978-7-5013-5748-2
定　　价 20.00 元

目　　次

前　言

本标准按照 GB/T 1.1—2009 给出的规则起草。

请注意本文件的某些内容可能涉及专利。本文件的发布机构不承担识别这些专利的责任。

本标准由中华人民共和国文化部提出。

本标准由全国图书馆标准化技术委员会(SAC/TC389)归口。

本标准起草单位:国家图书馆、中国科学院文献情报中心、贵州省图书馆。

本标准起草人:李晓明、龙伟、赵四友、李成文、朱云、张建勇、周静怡、刘梅、糜翔。

引　　言

本标准为行业规范，在制定过程中参考了国家图书馆“国家数字图书馆工程标准规范”的部分研制成果。

本标准为首次制定。

文本数据加工规范

1 范围

本标准规定了文本数据加工应遵循的技术规范。本标准针对以文字为主要表达形式,可存在少量图表的文本文献(不包括古籍善本、手稿等特殊文献)的数据加工制定。加工对象可以是一般印刷型文献,也可以是印刷型文献经过数字转换后的图像文件。

本标准适用于图书馆、博物馆、档案馆、文献信息中心等文本文献收藏部门,也适用于其他从事文本数据加工的相关机构。

2 规范性引用文件

下列文件对于本文件的应用是必不可少的。凡是注日期的引用文件,仅所注日期的版本适用于本文件。凡是不注日期的引用文件,其最新版本(包括所有的修改单)适用于本文件。

GB 2312—1980 信息交换用汉字编码字符集—基本集(Code of Chinese graphic character set for information interchange-Primary set)

GB/T 2828.1—2003 计数抽样检验程序 第1部分:按接收质量限(AQL)检索的逐批检验抽样计划(Sampling procedures for inspection by attributes—Part 1:Sampling schemes indexed by acceptance quality limit(AQL) for lot-by-lot inspection)

GB 13000—2010 信息技术 通用多八位编码字符集(UCS)(ISO/IEC 10646:2003:Information technology—Universal Multiple-Octet Coded Character Set (UCS))

GB 18030—2005 信息技术 中文编码字符集(Information technology—Chinese coded character set)

GB/T 18793—2002 信息技术 可扩展置标语言(XML)1.0(Information technology—Extensible markup language(XML)1.0)

GB/T 23286.1—2009 文献管理 长期保存的电子文档文件格式 第1部分:PDF1.4(PDF/A-1)的使用(ISO 19005—1:2005:Document management—Electronic document file format for long-term preservation—Part 1:Use of PDF 1.4 (PDF/A-1))

GB/T 25100—2010 信息与文献 都柏林核心元数据元素集(Information and documentation—The Dublin Core metadata element set)

ISO/IEC 10646:2003 信息技术 通用多八位编码字符集(UCS)(Information technology—Universal Multiple-Octet Coded Character Set (UCS))

ISO 32000—1:2008 文献管理 便携式文档格式 第1部分:PDF 1.7(Document management—Portable document format—Part 1:PDF 1.7)

3 术语和定义

下列术语和定义适用于本文件。

3.1

文献 document

在文献工作过程中作为一个单位处理的记录信息或实物对象。

注:来源于 GB/T 4894—2009

3.2

文本 text

以字符、符号、词、短语、段落、句子、表格或者其他字符排列形成的数据,用于表达意义,其解释基本上取决于读者对于某种自然语言或者人工语言的知识。

注 1:来源于 GB/T 4894—2009

注 2:在本规范中等同于"文本数据"

3.3

图像 image

由扫描仪、数码相机等输入设备捕捉实际的画面产生或由计算机软件产生的数字图像。

3.4

光学字符识别 optical character recognition

又称 OCR 识别,自动识别通过扫描仪、数码相机、摄像机等得到的图像中的字符,便于存储、编辑和检索。

3.5

点/英寸 dots per inch(dpi)

扫描仪(打印机)在水平方向上和垂直方向上的每英寸都能扫描(打印)的点数。

注:来源于 GB/Z 19736—2005

3.6

元数据 metadata

关于数据的内容、质量、状况和其他特征的描述性数据。

注:来源于 GB/T 4894—2009,4.4.1.1.19。

4 内容编码标准

文本内容编码应遵循通用的国家标准或国际标准。文本内容编码可选择表 1 所列标准。

表 1 文本内容编码标准

标准编号	标准名称	简要说明
GB 2312—1980	信息交换用汉字编码字符集 基本集	规定了汉字信息交换用的基本图形字符及其二进制编码表示。它是一个简化字汉字的编码,其共收录 6763 个汉字,其中一级汉字 3755 个、二级汉字 3008 个。此外,还收录了包括拉丁字母、希腊字母、日文平假名及片假名字母、俄语西里尔字母在内的 682 个全角字符

表 1　文本内容编码标准(续)

标准编号	标准名称	简要说明
GB 18030—2005	信息技术中文编码字符集	规定了信息技术用的中文图形字符及其二进制编码的十六进制表示,适用于图形字符信息的处理、交换、存储、显现、输入和输出。它是我国自主研制的以汉字为主并包含我国多种少数民族文字的超大型中文编码字符集强制性标准,共收入 70 244 个汉字
GB 13000—2010	信息技术　通用多八位编码字符集(UCS)	规定了 UCS 的总体结构。其编码空间巨大,可以容纳多种文字同时编码,共收录汉字 20 902 个。作为统一的编码,GB 13000 采用相同数目的"八位"编码
ISO/IEC 10646—2003	信息技术　通用多八位编码字符集(Information technology—Universal Multiple-Octet Coded Character Set)	ISO 10646 标准由国际标准化组织颁布,用来实现全球所有文种的统一编码。该标准被广泛应用于电子化地表示、传输、交换、处理、储存、输入及显现世界上各种语言的书面形式以及附加符号。它收录了 20 902 个汉字(表意字符)。它与 Unicode 在字符编码上保持一致,在两个标准里,所有的字符都在相同的位置并且有相同的名字,并且版本更新也保持同步,ISO/IEC 10646:2003的字符编码相当于 Unicode 5.0。只是 Unicode 额外定义了许多与字符有关的语义符号学,且两者部分样例字形有区别
ASCII	美国信息交换标准码(American Standard Code for Information Interchange)	美国国家标准学会(American National Standard Institute,ANSI)制定的标准的单字节字符编码方案,主要用于显示现代英语和其他西欧语言。ASCII 码使用指定的 7 位或 8 位二进制数组合来表示 128 或 256 种可能的字符。标准 ASCII 码也叫基础 ASCII 码,使用 7 位二进制数来表示所有的大写和小写字母、数字 0 到 9、标点符号,以及在美式英语中使用的特殊控制字符。后 128 个称为扩展 ASCII 码,扩展 ASCII 码允许将每个字符的第 8 位用于确定附加的 128 个特殊符号字符、外来语字母和图形符号

5　存储格式

5.1　XML 格式

5.1.1　可扩展标识语言

XML(Extensible Markup Language)格式是一种表示结构化信息的开放的文本数据格式。XML 用统一的方法进行描述和交换,是独立于应用程序的结构化数据格式。XML 可以描述各种各样的结构信息,并且由于它的数据内容独立性原则和可自解释性,使得用它表示的数据信息可以很方便地被不同的数据使用者使用。

5.1.2　用途

XML 格式通常有两种用法:

第一种，指明标识。用于文件排版，指示文字的编排，包括字体大小（字号）、字型（字体）、字形（如粗体、斜体等）、页面（如 A4、B5 等）、段落、注脚等。这种标识不涉及被处理文件的内容，主要用来处理文件的排版版面。

第二种，通用标识。描述文件的内容或结构。描述文件结构的方式是以标识文件构成的元素来进行的，以图书为例，其结构可能是书名、作者、出版社、目次、摘要等。通用标识可以将文件的内容、结构与输出格式分开，同一份文件内容以不同输出格式再利用，只需修改输出格式，文件的内容与结构标识不需要修改。

5.2 TXT 格式

5.2.1 纯文本格式

TXT（Text）格式是最常见的一种文本格式，文件体积小，存储方便，阅读不受限制。因无文件头，不易被病毒感染。TXT 格式文件中不能插入图片、图表等，不能建立超链接，不支持字体样式编辑。

5.2.2 用途

TXT 格式作为纯文本格式，基于独特的编码系统，使得它可以在不同操作系统之间通用，且兼容于不同的文字处理软件。在不强调使用版面和排版信息时，可以通过任何文本编辑器创建、调用、编辑、修改和储存的文件格式，可作为文本数据文件的长期存储格式。

5.3 PDF 格式

5.3.1 便携文档格式

PDF（Portable Document Format）格式可以描述复杂版面，具有交互功能（如超链接和交互表单等）、页面随机存取及字体仿真描述等特性。

PDF 格式的文件分别由文件底层数据层、文本图像数据层、附属信息数据层三个不同的数据“层次”构成。文件底层数据层包括字体信息、交叉参考表等所有的控制文件的重要底层数据；文本图像数据层包括文件中显示的所有文本、矢量图形和点阵图像数据。由于 PDF 文本图像数据层独立存在，用户替换页面内容时，可以只改变文本图像数据层的内容，而不会影响其他数据层内的相应数据，如不会改变字体、字号，能保留所有的页面链接。

5.3.2 用途

PDF 文件格式兼容文本、矢量图形和点阵图像数据，可以将文字、字型、格式、颜色独立于设备和分辨力的图形图像等封装在一个文件。通过其他格式的文件转变成 PDF 文件格式时，能够保留原文件的特性。

PDF 文件的尺寸很小，适于网络传输和光盘存储，具有高保真的印刷特性，适于各种档次的印刷需要。

在 PDF 文件中创建和嵌入元数据，可以扩展文件查找的方式。例如，电子书籍的出版能够增加元数据字段，使得数字书籍可通过 ISBN 数值进行查找。元数据是用 XML 编写的，则可以通过互联网搜索引擎来检索。

5.4 HTML 格式

5.4.1 超文本标记语言

HTML(HyperText Markup Language)格式文件专用于 Web 网页的开发。HTML 文件以标签(tag)来标识出一个文档是如何组织的,以及包含的各种元素,实现服务器及用户之间进行文件的传输及翻译。HTML 文档利用统一资源定位器 URL(Uniformed Resource Locator)进行超媒体链接,在文档内指向其他网络资源。

5.4.2 用途

HTML 通过标签和属性对一段文本的语义进行描述,用于文本内容的互联网使用,如在浏览器中显示什么内容、文件格式、字体、颜色等。它提供由一个文件到另一个文件,或在一个文件内部不同部分之间的超文本链接。

HTML 格式文件可以用文本编辑器编写。网络浏览器能够解释 HTML 文件来并根据标签显示网页。

6 内容标记

文本数据加工过程中应标记信息内容包括但不限于表 2 所列。

表 2 文本数据加工的内容标记项目

内容名称	标签	定义	注释
infoResourceIdentifier	信息资源标识符	唯一识别信息资源的标识	一般是特定应用系统内具有唯一识别性的标识符号。可由标识应用系统的前缀(即标识符的类型)与一字符串(即标识符的值)组成。可由系统自动产生或由人工赋予
source	来源	对生成本信息资源的资源或其他实体的参照	可用正式标识体系的字符串表示,如 URI 以及其他标识非数字资源的编码体系(ISBN,ISSN 等)。对于派生自其他数字资源的数字资源来说,其来源信息一般在资源的描述元数据中反映,如 DC 的“关联(relation)”
technicalInfo	技术信息	与信息资源的创建、加工、使用相关的物理参数、技术手段与标准以及硬件环境	可嵌入或链接通行的技术元数据
format	格式	信息资源的物理或数字表现形式	信息资源的内容形式,包括资源内容与其元数据的类型
processingMode	加工方式	数字信息资源的加工方式	如:OCR,文本录入等
characterSet	字符集	信息资源采用的字符集的名称	通常采用的编码标准有 ASCII、GB 18030—2005 等

表 2　文本数据加工的内容标记项目(续)

内容名称	标签	定义	注释
identificationTool	识别工具	识别文本资源的软件	识别工具的名称
agentIdentifier	代理标识符	唯一识别代理的标识	一般是特定应用系统内具有唯一识别性的标识符号,建议由系统自动生成
agentName	代理名称	代理的名称,包括职称、所在单位等	可以是个人、团体或者自动装置。代理可以没有名称或可以不同步其名称
agentType	代理类型	根据代理的定义对其划分的基本大类	建立受控词汇表,规范类型的取值,建议为:个人,团体,软件
eventIdentifier	事件标识符	唯一识别事件的标识	主要用于管理元数据记录内部关联元素之间的链接,如代理与其相关的事件,建议由系统自动生成
eventType	事件类型	根据信息资源生命周期的基本阶段对事件划分的大类	包括:创建、数字化、元数据加工等
action	操作	一个事件中有特定意义的细分的行动	包括复制、修改、删除、合并等,建议由系统自动从日志文件中获取
actionDateTime	操作日期时间	操作发生的日期时间或日期时间的范围	如文档创建时间、文件处理日期等,建议由系统自动从日志文件中获取

7　加工准备

文本数据加工前宜明确数字资源的使用场景和服务对象。在此基础上,做好以下工作准备:

——硬件环境。保证文本加工所需要的安全稳定的计算机与网络环境,满足一般加工软件安装的要求。

——软件环境。文本数据加工因流程的不同而需要多种不同功能的软件系统或工具,如文本录入、扫描、版面分析、识别、排版、校对功能等。文本数据加工软件需要在功能性、稳定性、易用性、安全性方面满足加工要求。当加工软件升级或因其他原因更换时,需对其登记并归档保存。

——安全保障。在网络安全、病毒防范、数据保密等方面有严格的防范措施。

——加工对象。文本数据加工应优先选择文本文献的数字化图像作为加工对象。没有数字化图像的文本文献,可先通过扫描或拍照等数字化手段加工成数字对象,或者直接通过键盘录入文本文献内容。

——文献保护。文本数据加工过程中应尽量减少对文献的损害并根据文献的状况采取适当的保护措施。

8　文本制作

8.1　文本制作方式

文本制作方式主要包括文本录入和光学字符识别。通常,文本录入依靠键盘,效率不高,但这是一种较为普及的字符输入方法,适合处理字体过小,图文模糊,版面复杂的文本文献;光学字符识别适合于文字规整、版面清晰的文献,可以进行批量文本数据的加工处理。

8.2 文本录入

8.2.1 文本录入基本要求

文本录入应遵守以下的一些基本要求:

——文本应按照内容的逻辑顺序进行录入,如一个表格或者分栏的文本应以单元格或栏目顺序为单位进行录入,而不是逐行录入;

——录入时应忠实于原文信息内容,保留原始文献中的错别字及各种文字变体。

8.2.2 输入法的选择

输入法是为了将各种符号输入计算机或其他电子设备而采用的编码方法。输入法的选择应注意以下因素:

——录入人员对某种输入法的熟练程度和输入习惯;

——资料内容的文字特征(如中文简繁体、拉丁字母、罗马数字等);

——输入法软件的功能,包括软件支持的字符集,字词联想、学习功能,中英文及全半角切换等。

8.2.3 文本编辑内容

文字符号的编辑一般涉及以下几项:

——字体格式。文章的风格或体裁变化在格式上主要有:普通、粗体、斜体等。

——字的定位。文字定位包括:左对齐、居中、右对齐、两端对齐、分散对齐。

——字体的选择。安装的字库不同,字体选项会有些差别。常见的中文字体有:宋体、楷体、黑体、仿宋体等,常见的英文字体有:Arial、Tahoma、Verdana 等。

——字的大小。一般字的大小是以点为单位,点数越多字越大。字的大小可以从很小到很大,视各种软件提供的情况来区分。

——字的颜色。可以给文字指定调色板中的任何一种颜色,以使版式画面更加漂亮。

8.2.4 录入校对

录入的文本通过校对来保证内容的正确率,以满足文本数据的质量要求。以下校对方法可以结合运用:

——编辑软件自带校对功能,能够提供语法检查及拼写检查之类的错误提示功能。

——采用双工录入。一般推荐采用不同的输入法进行录入,再通过对比校对,对差异部分进行人工干预纠正错误。

注:双工录入,即同一份文字资料由两个操作员分别进行录入。

8.3 光学字符识别

8.3.1 图像质量要求

图像的质量受图像的清晰度、歪斜度、噪点、色彩等因素的影响,同时它决定了字符识别的准确率,可以通过图像处理来提高图像质量，主要处理方式包括图像去黑边、旋转纠偏、去污点、调整亮度以及对比度、版心居中等方面的工作。用于光学字符识别的图像质量应满足下列基本要求：

——适合中文识别软件的图像分辨率一般为 150—300dpi，其他语种的图像分辨率一般为 300—400dpi。

——图像内容完整，无残破和缺失。扫描获取的图像必须与文献原件完全对应，保证页面内容完整，并且不缺页少页，也不能存在多余的重复页面的情况。

——图像的颜色深浅适中，字迹清晰。扫描图像应该有一个清楚和合适的颜色，不能出现文字缺失或文字重叠，即使原件存在质量问题，也必须保证扫描图像的可读性。透页文字（因用纸较薄或字迹颜色过重）如果无法通过去污处理去除，那么必须保证文章主体清晰。

——因扫描过程而导致产生的噪点、阴影、黑线等不影响正文文字的辨识和阅读。

——图像无明显倾斜和扭曲。图像倾斜不能超过 3 度；在原件页面内空较小或原件较厚导致扫描图像边缘的扭曲、文字变形的情况下，扫描图像也必须确保页面文字能够识别。

8.3.2 版面分析

版面分析主要对图像的版面布局、内容进行逻辑分析理解，并对图像页面进行区块切分，判别图像框的版面属性及阅读顺序。版面属性包括横排文字、竖排文字、表格、图像。版面分析包含自动版面分析和手工修正过程，其中，通过识别软件进行的自动版面分析的正确率不应低于 90%。

版面分析结果影响到版面分割的正确性，从而影响到识别模块的文字识别率。

8.3.3 字符识别率要求

经过测试，满足以下要求的文献的测试样张，文字识别正确率应达到 95% 以上。

——中文文献测试样张

- 字号：小四以上。
- 字体：宋、仿宋、楷、黑。
- 字符集：GB18030—2000。
- 分辨率：300dpi 以上。
- 图像清晰度：文字笔画清晰可辨，不变形，不断裂。

——英文文献测试样张

- 字号：小五到二号字之间。
- 字体：Arial、Times 等常见印刷字体。
- 字符集：ASCII 字符。
- 分辨率：300dpi 以上。
- 图像清晰度：文字笔画清晰可辨，不变形，不断裂。

8.3.4 校对模式

文本字符识别是通过校对方式来保证文本数据内容的正确率，常见的校对方法有纵向校对、横向校对和对比校对，各种校对方法需结合起来运用，以满足正确率及效率的要求。

——纵向校对：将一个图像或若干个图像中识别成同一个字符的图像列在一起显示，便于发现错误和修改。纵向校对可在校对界面直接修改。校对工作中不必通览全文，就可以方便快捷地进行校对修改工作。

——横向校对:是一种逐行逐字地把识别文本与相应图像做对照的校对方式。横向校对通常是纵向校对工序之后的又一道校对工序,它利用上下文信息对识别文本进行判断。

——对比校对:对同一文本的两遍校对结果进行比对,对差异部分进行干预纠正。

9 元数据加工

9.1 元数据著录

元数据是文本数据的重要组成部分,支持文本数据的发现、识别、存储和迁移。通过元数据著录,文本数据的内容信息、组织结构及加工过程可以得到更好地描述和揭示,更易被用户或相关软件利用。

元数据著录必须与文本内容、文本文件相关联并成为数字化加工过程中的一部分。通过对文本文件进行分析、选择和记录,产生描述元数据、结构元数据、管理元数据。

——描述元数据对文本对象各个基本特征进行描述,主要用来帮助用户检索和确认所需要的信息,描述元数据著录可依据《GB/T 25100—2010》,著录内容包括但不限于文本标题、主要责任者、其他责任者、描述、出版者、出版日期、文档类型、标识符、时空范围等。

——结构元数据著录内容包括但不限于文本目录体系、目录和正文的链接信息、文本版式信息以及该文本与其他相关文本的关联信息。

——管理元数据是为了管理对象数据而赋予的必要的元数据(如文件的类型、制作的日期)。著录数据内容包括但不限于文本的来源资料信息,以及文本的加工信息、保存信息等。

9.2 数据关联

为便于数据保存和应用,应建立对象数据内部组织结构、对象数据外部组织结构、对象数据与元数据之间、对象数据与原始文献之间的关联。数据关联可为用户查询、显示、导航一组数字对象。

示例:相关资源的关联,可以通过描述元数据里“Relation”元素描述。

9.3 数据封装

针对由被保存内容及其相关的元数据组成的信息包所进行的整合操作。数据封装内容包括内容信息(文本数据对象和表现信息)、保存描述信息(长期保存需要附加的元数据)、封装信息(信息包的组成部分的关联信息)、描述信息(描述元数据,如 DC)。比如文本数据的元数据、对象文件、目录(标签)跳转链接、说明文件等各类相关文件。

封装的信息包要求内部数据关联关系明确,数据封装和数据解析规则明确,不依赖于特定的软件或硬件平台。

10 文件命名

10.1 基本要求

文本数据文件命名须遵循以下要求:

——拥有唯一标识符,不能与其他资源标识符重复。

——命名应坚持某一个命名方案,命名方案所包含的信息应保持一致。

——文件名定义应清晰明确,以便于文件名的标准化与统一管理。

——具备长期可用性。文件命名方式不依赖于某种处理或者系统。文件名包含的信息不应随着时间的推移而改变。

——严格遵守技术限制。符合计算机系统对文件名中特殊字符、空格、日期等字符使用的限制,以及文件名字符长度的限制。一般来说,文件名不应该包含太多的字符,最佳命名方式是其长度不超过 32 个字符。

——文件扩展名采用三位字符,字母用小写形式。

——文件名中的元数据应记录到其他文件中,以保证在文件跨系统转移时元数据不受损害。

10.2 命名方案

命名方案是文本数据对象命名的依据。制订命名方案,可依据文献的某种唯一属性(如图书的 ISBN 号,连续出版物的 ISSN 号)、数字化项目名称、藏品集名称或者能够体现文献、数字对象特征的信息。一套命名方案在同一个机构中应是唯一的。命名方案作为文件命名的一部分,应做好登记和保存。

10.3 目录结构

10.3.1 文本文件应保存在一定结构的文件目录中并与元数据相关联。

10.3.2 文件目录可依据藏品集标识符或文本文献的组织结构等进行命名,单个文件名必须在其所在目录下是唯一的。

11 数据保存

11.1 保存方式

为保证数据安全和方便利用,宜选择多样化的存储设备存放数据。存储设备按照其存储介质类型可分为磁表面存储设备和光存储设备。根据实际情况,制定数字资源保存策略,可采用在线、离线相结合的方式进行数据的多套备份,并注意异地保存。

存储设备保存的环境,必须严格按照存储介质自身性能的要求,在温度、湿度、防磁场等方面达到规定指标,应配置专门的存放设备,以确保存放的光盘、磁带、磁盘等不致损坏。

11.2 数据检查

定期检查保存在存储介质的文本数据,对不能识读的数据进行登记,及时进行恢复与复本复制,以确保数字资源的长期有效保存。

11.3 数据维护

根据数字资源存取的要求及存储介质与计算机使用环境等变化的情况,定期检查数据,对不能识读的文本数据,应进行数据更新与迁移。

数据维护首先采取更新的办法,找到备份的数字资源,按原样复制一份。其次,根据数字资源被识别、检索和使用的环境,分别采取硬件迁移、软件迁移、格式迁移等方法。

12 质量管理

12.1 质量控制

数字化加工制作的文本数据应保持文本原件的版面和字符内容。文本数据转换中每一个工作环节的质量把握和控制，是制作文本数据质量的保障。根据文本数据的制作过程，质量管理分为三个阶段：

——流程实验，包括数据样本制作、样本验证以及软件调试。选择少量文本文献进行实验性数据加工，制作样本数据，用来核准技术标准、加工方案和工作流程的合理性以及加工软件的可用性。

——过程管理。对文本数据加工过程中的每个环节进行质量监督控制，通常对每个工批次，按比例抽检或全检的方式进行。如发现数据质量未达到要求，则整批数据进行返工，只有该批数据通过质检才可进入下一流程。

——数据质量检查。关于检查方法，可以使用各种定量的测试方法，此外需要软件配合，提高数据检查工作效率。文本数据检查项目包括元数据、对象数据、存储介质等。文本数据的验收方法，可依据《GB/T 2828.1—2003》的相关内容要求，验收人员可以采取抽样检验方法，对抽检样本检查。

12.2 质量要求

加工完成的文本数据应满足下列要求：

——文本数据内容应忠实于原文献，完整有序；

——元数据著录项目完整，著录信息准确；

——数据文件有效，不携带病毒，能够正常使用；

——文件格式与编码无误；

——字符的错误率不超过0.3‰；

——文件夹和文件名命名正确，文件统计数字准确；

——存储介质能正常读取，不准携带病毒，有正确的介质标识。

ISBN 978-7-5013-5748-2

定价：20.00 元